초등학생을 위한 세계 위인 4

에디슨

글 하야노 미치요 | 그림 아시 지로
번역 김태길

세계를 어떻게 바꿨을까?

에디슨은 어떤 사람일까요?

1851년
에디슨 4세

1878년
에디슨 31세

1862년
에디슨 15세

1924년
에디슨 77세

토머스 앨바 에디슨

생년월일 1847년 2월 11일생
직업 발명가

에디슨은 무려 1,000개가 넘는 발명을 통해 사람들의 생활을 더 편리하게 만들었어요.

에디슨이 활약한 장소

에디슨은 미국의 '밀란'이라는 마을에서 태어났어요. 어른이 된 뒤에는 멘로파크와 웨스트오렌지에 연구소를 세웠지요.

이야기 속에 나오는 주요 장소들 ▶

※ 멘로파크는 에디슨의 연구소가 있었던 곳이에요.

에디슨이 살았던 시대

지금 우리 주변에는 전화와 자동차가 있지만, 에디슨이 태어났을 때는 그런 것들이 없었어요.

1800년대 초반, 미국 거리에서는 아직 '마차'가 중요한 교통수단이었어요.

유명한 '자유의 여신상'은 에디슨이 살던 시대에 세워졌어요. 사람들은 '새로운 시대'를 꿈꾸었어요.

그 시절 일본의 '교토' 모습이에요. 에디슨은 필라멘트 재료로 교토에 있는 대나무를 사용했다고 해요.

생활을 바꾼 에디슨의 발명품

1번 백열전구

에디슨은 이전에 있던 백열전구를 생활에 쓸 수 있도록 고쳐 만들었어요. 1879년, 처음으로 전구가 약 40시간 동안 계속 빛나게 만드는 데 성공했어요.

2번 축음기

사람들은 소리를 기록해서 다시 듣는 건 마법이라고 생각했지만, 에디슨은 정말 소리가 나오는 기계를 발명했어요.

에디슨의 회사가 발명한 것들

3번 인형 주방

어린이를 위한 소꿉놀이용 주방이었지만, 실제로 조리할 수 있었어요.
에디슨은 정말 대단하죠!

4번 선풍기

지금 우리가 쓰는 선풍기와 비슷하지만, 날개를 금속으로 만들어 무거웠어요.

5번 토스터

빵의 한 면을 굽고 손으로 뒤집어서 다른 한 면을 구웠어요.

이건 에디슨의 많은 발명 중 일부에 불과해요.

이 책에 나오는 인물들

사무엘 — 아버지
에디슨은 아버지에게 끈기와 씩씩함을 배웠어요.

엘(에디슨)
무엇이든 궁금해하는 호기심 많은 소년이에요.

낸시 — 어머니
언제나 아들의 편이 되어 주는 따뜻한 사람이에요.

에디슨 어린 시절

운명의 만남을 거쳐

맥킨지 역장

지미

에디슨 발명왕으로!

헨리 포드 — 친구
'자동차왕' 포드는 에디슨을 존경했어요.

에디슨
수많은 편리한 물건을 만든 '발명왕'이에요.

메리 — 아내
첫 번째 아내로, 젊은 나이에 세상을 떠났어요.

미나 — 재혼
두 번째 아내로, 에디슨을 지지했어요.

에디슨은 어떻게 '발명왕'이 되었을까요? 지금부터 함께 읽어 보아요!

차례

인물 소개 ·················· 2

1. 호기심 많은 아이 ·················· 12
2. 거위의 알 ·················· 17
3. 집이 학교가 된 날 ·················· 21
4. 실험이 좋아! ·················· 27
5. 작은 과학자 ·················· 32
6. 신문 팔며 배운 세상 ·················· 39
7. 내가 만든 신문 ·················· 44
8. 전신 공부 ·················· 51
9. 발명으로 가는 길 ·················· 59
10. 수많은 실패 ·················· 63
11. 성공의 순간 ·················· 70
12. 슬픔과 기쁨이 함께한 날 ·················· 75
13. 메리의 작은 양 ·················· 82

14 절대 포기하지 않아! ·········· 87

15 빛나는 마을 ·········· 95

16 새 연구소에서의 도전 ·········· 102

17 영사기와 촬영기 ·········· 108

18 발명왕 에디슨 ·········· 115

19 에디슨과 친구들 ······ 122

20 전 세계를 밝힌 발명왕 ······ 131

인물에 관하여 ······ 140

더욱더 알고 싶은 에디슨 신문 ······ 142

에디슨 연표 ······ 144

올바른 독서 방법 · 145 | 더 생각해 보기 · 146

편지 쓰기 · 150 | 독서 기록장 · 152

※ 이 책은 2018년 4월 기준의 정보를 바탕으로 하지만, 내용에 따라서는 다른 의견도 존재함을 일러둡니다. 인물의 대사나 일부 에피소드는 역사적인 설정이나 사실에 기반하며, 삽화는 역사적인 사실에 충실하면서도 초등학생의 흥미를 돋울 수 있도록 친근하게 그렸습니다.

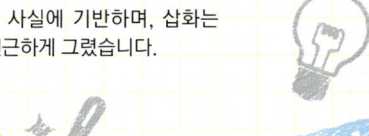

1 호기심 많은 아이

1847년, 미국의 작은 마을에서 한 남자아이가 태어났어요. 그 아이의 이름은 토머스 에디슨이에요. 훗날 사람들은 그를 '발명왕'이라 불렀어요.

에디슨은 평생 1,000개가 넘는 물건을 발명했고, 그 발명품들은 우리의 생활을 훨씬 더 편리하게 만들어 주었어요.

이렇게 놀라운 발명을 한 에디슨은 도대체 어떤 사람이었을까요? 그리고 어떻게 이런 많은 발명을 했을까요?

 미국 오하이오주 밀란이라는 작은 마을에서 한 남자아이가 언덕 위를 신나게 달리고 있었어요.

 양팔을 벌리고 개울가까지 내달린 아이는 미끄러지듯 멈추더니 숨을 고르며 웃음을 터뜨렸지요.

 그 아이가 바로 토머스 에디슨이에요. 가족과 친구들은 그를 '엘'이라고 불렀어요.

강가에서는 아저씨들이 저마다 다른 일을 하고 있었어요. 짐을 나르는 사람, 커다란 톱으로 나무를 자르는 사람, 망치로 쿵쿵 쇠를 두드리는 사람까지, 모두 바쁘게 일했어요.

엘은 그 모습을 보자 두 눈이 반짝였어요.

"왜 나무를 자르세요?"

"배를 만들려고 그러지."

친절한 아저씨가 손을 멈추고 대답해 주었어요.

그러자 엘의 질문이 쏟아졌어요.

"배의 어디에 이걸 써요? 이 나무는 어떻게 베었어요? 배는 언제쯤 완성돼요?"

"애야, 우린 지금 좀 바쁘단다. 저기 가서 놀거라."

그곳에서 쫓겨난 엘은 이번에는 다른 아저씨에게 가서 물었어요. 거기서도 쫓겨나면 또 다른 곳으로 향했어요.

궁금한 게 생기면 꼭 끝까지 알고 넘어가야 속이 시원한 아이였거든요.

엘은 강가 주변을 뛰면서 돌아다녔어요.

"엘, 거긴 위험해! 어서 집에 가!"

아저씨의 말이 채 끝나기도 전에 엘은 그만 풍덩! 하고 강물에 빠지고 말았어요.

"거봐라, 위험하다고 했잖니?"

깜짝 놀란 아저씨들이 재빨리 엘을 끄집어낸 뒤 강가 근처의 나무 공장으로 데려갔어요. 그곳은 산에서 베어 온 나무를 널빤지로 만드는 제재소로, 엘의 아버지가 일하는 곳이었어요.

"어이, 물건 하나가 더 도착했네!"

엘의 아버지는 흠뻑 젖은 아들을 바라보며 고개를 절레절레 흔들었어요. 하지만 엘은 물이 뚝뚝 떨어지는 얼굴로 '헤헤' 하면서 웃었어요.

2 거위의 알

엘은 형이 하나, 누나가 둘 있었어요.

셋 다 엘보다 열 살이나 많았기 때문에 엘은 늘 혼자서 놀 때가 많았지요.

그래서 재미있는 일이 있을 것 같으면 어디든 신나게 뛰어다니며 돌아다녔어요.

어머니는 언제나처럼 엘이 집에 보이지 않아도 걱정하지 않았어요.

'또 어딘가에서 재미있는 일을 찾고 있겠지. 배가

고프면 돌아올 거야.'

  어머니는 그렇게 생각하며 점심을 준비했어요.

  그 시간, 엘은 작은 창고 지붕 위에 엎드려 있었어요. 배 밑에는 거위알이 있었지요.

  '알을 따뜻하게 하면 새끼 거위가 태어날 거야. 얼른 새끼 거위를 보고 싶어…'

  지푸라기로 덮인 지붕은 포근한 침대처럼 느껴졌어요. 기분이 좋아진 엘은 점점 졸음이 밀려와 결국 잠에 들고 말았어요.

  점심때가 훌쩍 지나도 엘이 돌아오지 않자 어머니

는 슬슬 걱정되었어요.

'배가 고프면 돌아올 텐데… 왜 아직이지?'

집 안을 샅샅이 뒤지고, 정원과 도로까지 찾아봐도 엘은 보이지 않았어요.

"설마!"

불안해진 어머니는 아버지와 함께 작은 창고로 달

려갔어요. 그리고 지붕 위에서 쿨쿨 잠들어 있는 엘을 발견했지요.

"어머, 감기 걸리겠어. 엘, 어서 일어나야지!"

눈을 뜬 엘은 배 밑을 살펴보았어요. 거위알은 여전히 처음 모습 그대로였어요.

"엄마, 이상해요. 알이 조금도 바뀌지 않았어요. 왜 새끼 거위가 안 나오는 거죠?"

엘의 진지한 눈빛을 바라보며 어머니는 말했어요.

"그래, 잘되진 않았지만 새끼 거위를 태어나게 하려고 했던 마음은 정말 멋지구나. 무슨 일이든 직접 해 보지 않으면 알 수 없잖니? 앞으로도 이것저것 시도해 보렴. 하다 보면 잘되는 일도 생길 거야."

"네, 그럴게요!"

엘은 자신의 생각을 믿어 주는 어머니가 참 좋았어요.

3 집이 학교가 된 날

엘이 일곱 살이 되자, 가족은 지금까지 살던 밀란을 떠나 북쪽에 있는 '포트휴런'이라는 마을로 이사했어요.

엘은 그곳에서 초등학교를 다니게 되었지요.

엘의 호기심은 학교에서도 여전했어요.

"1 더하기 1은 2가 됩니다. 알겠지요?"

선생님이 수학 시간에 칠판에 숫자를 쓰며 설명했어요.

그러자 엘이 손을 번쩍 들고 물었어요.

"왜 그렇게 되는 거죠? 어떻게 해서 1과 1이 2가 되는 거예요?"

선생님은 연필 두 자루를 들어 보이며 말했어요.

"엘, 여기 연필이 하나 있고, 여기 또 하나 있지? 두 개를 합치면 2가 되지?"

"에… 그건 알지만…, 한 개의 찰흙과 또 한 개의

찰흙을 합치면 작은 두 개가 아니라 큰 하나가 되잖아요? 그럴 땐 2가 안 돼요."

교실 안 친구들은 웃음을 터뜨렸고, 엘은 왜 웃는지 몰라 고개를 갸웃했어요.

선생님은 화난 얼굴로 한숨을 쉬었어요.

엘은 언제나 이런 식으로 선생님에게 질문했어요. 선생님은 대답하다가 지치고, 수업은 자꾸 엉뚱한

방향으로 흘러가곤 했어요.

그러던 어느 날 선생님이 화를 내며 말했어요.

"엘, 더 이상 가르칠 수가 없구나! 이제 학교에 오지 말거라!"

공부도 학교도 좋아하던 엘은 큰 충격을 받았어요. 엘은 눈물을 훔치며 집으로 돌아왔어요.

오늘 있었던 일을 전해 들은 어머니는 잠시 생각하더니 결심한 듯 말했어요.

"선생님과 이야기하고 올게. 여기서 기다리렴."

어머니는 터벅터벅 발소리를 내며 문을 나섰어요. 그리고 잠시 뒤 돌아온 어머니는 가방을 탁 테이블 위에 놓으며 단호하게 말했어요.

"엘, 이제 학교에 가지 않아도 돼. 엄마가 직접 가르쳐 줄게."

사실 어머니는 결혼 전에 선생님이었어요.

아이를 가르치는데 익숙했고, 무엇보다 아이가 좋아하는 것을 먼저 생각했지요. 억지로 외우게 하기보다는 스스로 궁금해하고 즐겁게 배울 수 있도록 도와주었어요.

"엘, 이 책 중에서 마음에 드는 걸 한 권 골라서 읽어 보렴."

어머니는 엘을 위해 책을 잔뜩 준비했어요.

"우아, 재밌다! 그림만 봐도 좋아요!"

엘은 아직 글자를 다 읽

지 못했지만, 마음에 쏙 드는 책을 들고 신나게 책장을 넘겼어요.

"그래, 그림만 봐도 괜찮아. 지금처럼 재미있는 책을 계속 보다 보면 글자도, 단어도 저절로 외우게 될 거야."

엘은 책을 보며 깔깔 웃었고, 그 모습을 바라보던 어머니는 조용히 미소 지었어요.

4 실험이 좋아!

엘이 열 살이 되던 어느 날, 어머니가 《자연은 실험 교실》이라는 책 한 권을 사 왔어요.

'재미있어 보이는 책이네. 엘이 좋아하겠는데?'

어머니의 예감은 틀리지 않았어요. 책을 펼치자 엘은 깜짝 놀랐어요.

책에는 엘이 평소 이상하다고 느꼈던 신기한 일

들이 가득 담겨 있었어요.

털실 스웨터를 입을 때 왜 '틱틱' 소리가 나는지, 왜 손끝이 찌릿찌릿한 느낌이 드는지, 빙글빙글 말린 용수철이 어떻게 장난감을 움직이게 하는지, 그리고 번개는 왜 번쩍하고 빛나면서 '쿠르르릉!' 큰 소리를 내는지까지….

엘은 책장을 넘기며 속으로 외쳤어요.

'그래! 나도 늘 이게 왜 그런지 궁금했어!'

책에는 이런 신기한 현상들이 왜 일어나는지 알려 줄 뿐만 아니라 직접 실험해 볼 수 있는 방법도 적혀 있었어요.

마치 엘의 마음속을 꿰뚫고 쓴 책 같았지요.

"엄마! 알고 싶은 것도 해 보고 싶은 것도 다 있어요! 이 책 너무 좋아요!"

엘은 그날부터 책에 푹 빠져 살았어요.

책 속 실험을 하나씩 따라 해 보며 자신만의 작은 과학 교실을 열기 시작했지요.

'털실 스웨터는 양의 털로 만들었지만 고양이 털로도 '파직' 소리가 날 수 있을까? 실험해 봐야지!'

엘은 밖으로 나가 햇살 아래 잠든 고양이에게 조심히 다가갔어요. 그리고 슬쩍 다가가 고양이의 털을 쓱쓱 문질렀지요.

화가 난 고양이가 눈을 부릅뜨고 '야옹!' 소리치며 엘의 손을 할퀴었어요.

"아얏!"

실험은 보기 좋게 실패했어요.

그래도 엘은 실망하지 않았어요. 상처에 약을 바른 뒤 우유를 들고 고양이가 있는 곳으로 갔어요.

"자, 이 우유 먹고 얌전히 있어 줄래?"

고양이가 우유를 맛있게 먹는 사이에 엘은 다시

조심스레 고양이의 등을 문질렀어요.

"역시! 고양이 털로도 '파직' 소리가 나네!"

엘은 책에서 말한 '파직'의 정체가 정전기라는 것을 알게 되었어요. 정전기는 전기의 한 종류로, 두 가지 물건을 문지르면 생기는 에너지예요.

엘의 책상 위에는 책에 나온 방법을 따라 만든 작은 발전기도 놓여 있었어요. 자석과 전선을 이용해 전기를 일으키는 장치였어요.

'번개도 전기의 한 종류라니… 전기는 정말 신기하고 재미있어!'

이때부터 엘은 과학 실험이 얼마나 재미있는지 알게 되었고, 다른 과학책들도 찾아 읽기 시작했어요.

5 작은 과학자

　엘은 공부를 계속하면서 점점 더 복잡한 실험을 하게 되었어요. 실험 도구도 많아지고 여러 가지 약품도 하나둘씩 늘어났지요.

　책이며 병이며 이것저것 둘 곳이 부족해졌고, 소리나 냄새 때문에 가족들도 조금씩 불편해졌어요.

　형은 코를 막으며 말했어요.

　"엘, 이번엔 또 무슨 냄새야? 후추가 폭발한 것 같아!"

누나는 머리를 감다 말고 고개를 내밀었어요.

"이번엔 냄비가 아니라 시험관에 불을 붙였지?"

가족 모두가 웃으며 농담을 던졌지만, 실은 꽤나 불편했던 거예요.

"실험을 따로 할 수 있는 방이 있었으면 좋겠어요."

엘의 말에 어머니는 잠시 생각하더니 말했어요.

"지하실을 써 보는 건 어떻겠니? 지금은 아무도 안 쓰잖니."

지하실에는 오래된 가구와 채소 자루들이 어수선하게 쌓여 있었어요. 그 사이 공간이 보였어요.

"와, 정말 좋은데요? 이곳에 제 실험실을 만들어도 되는 거죠?"

"그럼, 물론이지."

엘은 낡은 책상을 꺼내고 밀가루 봉지와 감자 자루, 양파 상자 사이를 정리했어요.

책과 실험 도구를 차곡차곡 옮겨 놓고 램프를 천장에 달자 어엿한 실험실이 되었지요.

'이제 내가 생각한 실험을 마음껏 할 수 있어! 어쩐지 진짜 과학자가 된 기분이야!'

엘은 작은 실험실을 뿌듯하게 둘러보았어요. 그리고 여기저기에서 신기한 물건들을 모아 '중요 물건'이라고 쓴 상자에 넣었어요.

새의 깃털, 옥수숫대, 나무 열매 같은 것들이었지요. 언젠가 꼭 실험에 쓸 일이 있을 거라 믿었어요.

황산처럼 위험한 화학 약품은 아버지에게 부탁해 따로 사야 했어요.

"엘, 이건 아주 위험하니깐 조심해서 다뤄야 해."

"네, 아버지. 조심할게요!"

엘은 위험한 약품은 유리병에 담아 '독약'이라 쓰인 라벨을 붙여 선반 위에 따로 정리했어요.

실험에 쓰이는 재료는 점점 늘어났고, 읽고 싶은 과학책도 많아졌어요. 하지만 늘 부모님에게 부탁할 수는 없었지요.

'이제부터는 내가 직접 사야지!'

엘은 좋은 생각이 떠올랐어요.

집 뒤에 있는 밭에서 키운 채소를 팔아 보기로 한 거예요.

자루에 채소를 가득 담아 마을로 나갔어요. 엘의 채소는 신선하고 값도 싸서 금세 다 팔렸어요.

"엘, 네가 오니까 가게에 갈 필요도 없고 참 편하구나. 다음에는 더 많이 가지고 오렴."

하지만 엘의 밭은 작아서 채소를 많이 키울 수 없었어요.

'그럼… 다른 농가에서 채소를 사 와서 파는 건 어떨까?'

다음날부터 근처 농가에서 채소를 사서 조금 더 비싼 가격에 팔기 시작했어요.

농가는 채소를 팔 수 있어서 좋았고, 엘은 돈을 더 벌 수 있어서 좋았지요.

그렇게 혼자 힘으로 돈을 모아 필요한 실험 도구와 책을 샀어요. 그리고 실험에 열중했어요.

약품의 양을 눈금에 맞춰 재는 손놀림이나 혼합된 색을 바라보는 눈빛은 누가 봐도 작은 과학자의 모습이었어요.

6 신문 팔며 배운 세상

 엘이 사는 포트휴런 남쪽에는 디트로이트라는 커다란 도시가 있었어요.
 엘이 열두 살 되던 해, 포트휴런과 디트로이트 사이를 오가는 기차가 처음으로 생겼어요.
 "기차로 가면 디트로이트까지 단 3시간이래!"
 "마차와는 비교도 안 돼. 얼마나 편한지 몰라!"
 사람들은 기차 소식에 들떠 있었어요.
 처음 기차가 출발하던 날 역에는 사람들로 북적였

어요.

검고 커다란 기차 몸통과 덜커덩 돌아가는 바퀴, 뭉게뭉게 피어나는 연기, 공기를 가르며 울리는 종소리와 귀를 찢을 듯한 기적 소리까지, 그 모습을 본 사람들의 가슴이 두근거렸어요.

엘도 금세 마음을 빼앗겼어요.

'너무 멋져! 나도 저 기차를 타고 싶어.'

역에서 일하는 사람들을 구경하던 엘은 기차 안에서 신문을 파는 소년을 보았어요.

그 순간 엘의 눈이 반짝였어요.

'그래, 신문을 파는 거야! 그러면 매일 기차를 탈 수 있고 돈도 벌 수 있어.'

엘은 부모님의 허락을 받기 위해 서둘러 집으로 갔어요.

"기차 안에서 신문을 팔고 싶어요. 꼭 해 보고 싶

어요!"

"아침부터 밤까지 할 수 있겠니?"

처음에는 걱정하며 말리던 어머니도 엘의 간절한 눈빛에 결국 허락해 주었어요.

그렇게 엘은 기차에서 신문을 판매하게 되었어요.

"신문이요, 신문! 샌드위치랑 사탕도 있어요!"

어깨에는 무거운 신문 가방을 메고, 목에는 납작한 상자를 걸었어요.

상자 안에는 샌드위치, 사탕, 땅콩, 과일, 담배, 엽서까지 가지런히 담겨 있었어요.

"얘야, 신문이랑 땅콩 좀 다오."

"어이, 여기에도 신문 하나!"

엘은 기차 안을 바쁘게 오가며 신문과 간식을 능숙하게 팔았어요.

가끔 어떤 물건은 금세 다 팔리고, 어떤 건 그대로

남기도 했어요.

'내일은 신문을 조금 더 늘리고 담배는 줄이자.'

엘에게는 물건을 어떻게 준비해야 할지 생각하는 것도 중요한 일이었지요.

아침 7시에 포트휴런에서 출발한 기차는 디트로이트에 10시에 도착했고, 저녁 6시에 돌아오는 기차를 타면 밤 9시쯤 다시 집에 도착했어요.

기차 안은 엘의 일터였고, 기차 밖은 엘의 배움터였어요.

　디트로이트에 도착해서 기차가 다시 출발할 때까지 약 8시간 정도 시간이 남았어요. 그때마다 엘은 '디트로이트 청년클럽 도서실'에 갔어요.
　'와, 이렇게 많은 책이 있다니!'
　엘은 그곳의 책을 닥치는 대로 읽었어요.
　새로운 책을 펼칠 때마다 마음이 두근거렸지요.
　그리고 마침내 도서실에 있는 책 대부분을 다 읽게 되었어요.

7 내가 만든 신문

엘은 기차 안에서 신문을 팔며 매일 손님들의 이야기를 들었어요.

"전에 기차 안에서 물건을 잃어버렸는데, 아직 못 찾았어."

"이번에 역장이 바뀐다던데, 누가 올까?"

"다음 역에 마차가 다니고 있을까?"

그런 이야기를 들을 때마다 엘은 생각했어요.

'사람들이 궁금해하는 이야기를 전해 주는 신문이

있다면 얼마나 좋을까?'

한참을 생각하던 엘이 갑자기 소리쳤어요.

"그래, 내가 직접 만들어 보자!"

엘은 좋은 생각이 떠오르면 주저하지 않고 바로 행동으로 옮기는 아이였어요.

'신문을 만들려면 뭐가 필요하지? 종이도 있어야 하고 잉크도 있어야 하고…'

평소 신문을 사던 신문사에 부탁해 쓰고 남은 활자와 잉크, 종이를 싸게 얻었어요.

간단한 인쇄를 할 수 있는 작은 기계도 손에 넣었지요. 무슨 기사를 쓸지는 이미 머릿속에 다 정해져 있었어요.

'사람들이 이 신문을 보면 어떤 표정을 지을까?'

그 생각만으로도 엘은 가슴이 두근거렸어요.

얼마 후, 엘이 만든 신문이 완성되었어요.

일주일에 한 번 나오는 신문으로, 이름은 '주간 헤럴드'였어요.

"새로운 신문이에요! 주간 헤럴드! 한 달은 8센트입니다!"

엘이 만든 신문은 금세 인기를 끌었어요.

기차 시간표와 마차 운행 안내, 잃어버린 물건 찾기, 시장 물건 값 같은 사람들이 궁금해하는 소식이 가득했거든요.

"역 식당에서 젊은 부인이 아기를 낳았대요!"

"화물 값을 속이려다 들켰대요! 어리석은 남자 이야기예요."

이처럼 놀랍고 재미있는 기사들도 있었어요.

신문을 읽은 손님들은 말했어요.

"이런 신문을 기다렸단다."

"앞으로도 재미있는 소식 많이 전해 주렴."

엘은 사람들의 반응에 마음이 뿌듯하고 기뻤어요.

'사람들이 원하는 걸 만드는 게 중요하구나.'

그건 어른이 되어서도 마음속 깊이 간직할 소중한 깨달음이었어요.

그 뒤로도 기차 안에서 신문을 만들고 틈날 때마다 실험을 계속했어요.

기차에 있는 짐칸 한쪽을 작업 공간처럼 꾸며 인쇄기를 놓고 실험 도구를 가져와 실험했지요.

그런데 기차가 심하게 흔들리며 약품이 든 병 몇 개가 바닥에 떨어졌어요.

병이 깨지면서 약품이 섞였고 순식간에 '슈우욱' 연기가 피어오르며 불이 붙었어요.

"이런, 안 돼!"

엘은 깜짝 놀라 서둘러 불을 껐지만, 이미 차장은 그 모습을 보고 말았지요.

"기차에서 불이라도 났으면 어쩔 뻔했니? 이제 실험은 절대 안 돼!"

"죄송해요… 다시는 안 할게요."

차장은 단호하게 말했지만, 이내 말을 덧붙였어요.

"그래도 신문은 계속 만들어도 좋다. 잘 팔고 있고 샌드위치랑 땅콩도 인기가 많잖니."

엘은 고개를 숙이며 놀란 마음을 진정시켰어요.

그때 엘의 나이는 열다섯이었어요.

8 전신 공부

어느 날 엘이 포트휴런과 디트로이트 사이에 있는 마운트 클레멘스역에 있을 때였어요.

엘은 역장 맥킨지와 이야기를 나누고 있었어요.

기차의 차량을 다른 차량에 연결하는 동안 잠시 내려서 기다리고 있었지요.

"조금 전에 다른 역에서 전신 연락이 왔었어."

"와, 역시 전신은 편리하네요."

엘은 평소에도 전신에 대해 궁금한 게 많았기 때

문에 역장의 말에 귀가 쫑긋 섰어요.

 두 사람이 말하고 있을 때 반대쪽 선로 위로 작은 남자아이가 뒤뚱거리며 걷고 있었어요.

 그 아이는 역장의 아들 지미였어요.

 "위험해! 지미가 선로 위에 있어!"

 역장의 얼굴이 새파랗게 질리며 깜짝 놀라 소리쳤어요.

 그 순간 화물차 한 대가 덜컹거리며 움직이기 시작했어요. 점점 속도를 올리며 바로 그 선로를 향해 달려오고 있었어요.

 엘은 한순간도 망설이지 않았어요.

 곧장 지미에게 달려가 아이를 안아 들고 몸을 굴리듯 선로 반대편으로 넘어졌어요.

바로 그때 화물차가 '쾅!' 하고 큰 소리를 내며 지나갔어요.

"살았다…! 엘, 정말 고마워."

숨을 헐떡이며 달려온 역장은 눈물을 글썽이며 엘의 손을 꼭 붙잡았어요.

엘도 지미도 팔꿈치나 무릎에 조금 긁힌 상처만 있을 뿐, 다행히 크게 다치지 않았어요.

"정말 고맙다. 감사의 뜻으로 너에게 전신 보내는 법을 가르쳐 주마."

"와, 정말이에요?"

엘은 깜짝 놀라며 두 손을 꼭 쥐었어요. 가슴이 두근거려 말조차 제대로 나오지 않았어요.

전신은 전기를 이용해 멀리 떨어진 곳까지 소식을 전하는 장치예요.

전기의 흐름을 잠깐 끊거나 다시 이어 주면서 짧은

신호는 '돈', 긴 신호는 '쓰'로 바꾸어요.

'돈 돈 쓰'나 '쓰 돈 쓰 쓰 돈'처럼 짧고 긴 신호를 조합해 글자와 말을 전하는 방식이에요.

"기차가 2분 늦게 출발했습니다."

"강풍으로 이번 역에서 잠시 정차합니다."

이런 메시지를 '돈'과 '쓰'로 전해 주며 기차가 안전하게 다닐 수 있도록 도와주었어요.

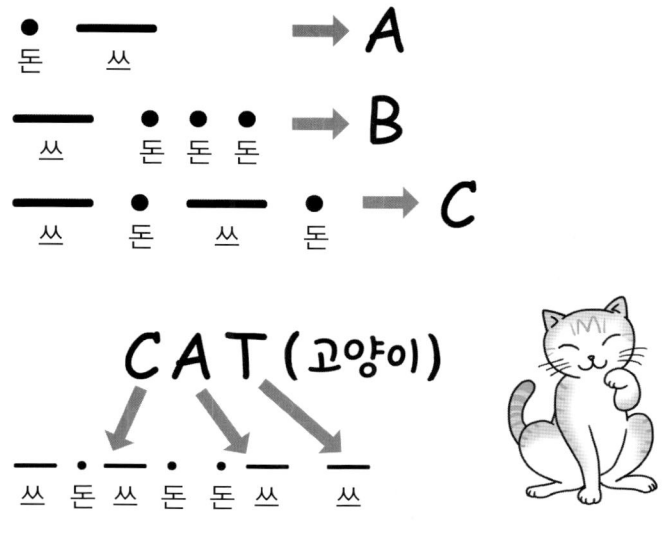

〈 신호의 예 〉

"너는 전부터 전신실을 자주 들여다보곤 했지. 전신에 관심이 많은 줄 알고 있었단다."

"맞아요! 배우고 싶어요. 가르쳐 주세요!"

그날부터 엘은 역장의 도움을 받아 전신을 배우기 시작했어요.

과학책에서 이미 전신에 대해 읽었던 터라 낯선 개념도 빠르게 이해할 수 있었어요. 게다가 역의 전신실을 오가며 직접 보고 관찰한 것이 큰 도움이 되었어요.

집에 돌아와서도 '돈', '쓰'를 조합하는 연습을 멈추지 않았어요.

길을 걸을 때도 밥을 먹을 때도 머릿속에서는 '돈, 쓰… 돈 쓰 쓰…' 하는 소리가 맴돌았지요.

그만큼 전신은 엘에게 완전히 새로운 세계였어요. 신호 하나하나에 의미가 담긴다는 게 신기했거든요.

엘의 실력은 하루가 다르게 늘어갔어요.

하루는 역장이 엘을 불러 조용히 말했어요.

"이제 너에게 더 이상 가르칠 게 없다. 어쩌면 나보다 더 잘할지도 모르겠구나."

"전 아직 궁금한 게 많은걸요?"

엘은 수줍게 웃었어요. 하지만 가슴속에 작은 불꽃이 환히 비추는 듯했지요.

엘은 아이를 구한 용기 덕분에 새로운 지식과 기술을 배울 수 있었어요. 그날의 경험은 또 하나의 소중한 선물이 되었답니다.

9 발명으로 가는 길

열여섯 살이 된 엘은 전신 일을 하기로 결심했어요. 그 당시에는 전신 기술을 아는 사람이 드물었기 때문에 여러 회사에서 엘을 뽑으려고 했어요.

엘은 몇 년 동안 전신을 보내고 받는 일을 계속하면서 점점 더 능숙해졌고, 마침내 누구보다 빠르게 신호를 주고받을 수 있게 되었어요.

동료들은 엘을 '미국에서 제일 빠른 사람', '스피드 왕'이라고 부르며 놀라워했어요.

어느 날 엘은 동료 한 명이 전신을 보내는 기계 앞에서 곤란해하는 모습을 보았어요.

"아, 큰일이야! 이걸 빨리 보내야 하는데, 기계가 고장 나 버렸어!"

엘은 곧장 기계 앞으로 다가가 고장 난 기계를 들여다보았어요.

"잠깐 볼게. 음… 여기를 이렇게 조이면…."

어릴 적부터 기계 만지기를 좋아했던 엘은 볼트를 풀고 안쪽을 살피며 이리저리 손을 놀렸어요. 그러다 슬며시 웃으며 말했어요.

"됐어, 이제 괜찮을 거야."

"휴~ 살았다! 역시 엘이야!"

엘이 전신도 빠르게 보내고 기계도 잘 고친다는 이야기가 회사 안에 쏙쏙 퍼져 나갔어요.

이후로 기계에 문제가 생기면 모두 엘을 찾았어

요. 엘이 손을 대기만 하면 고장 난 기계가 거짓말처럼 잘 작동했지요.

그 모습을 지켜본 사장이 말했어요.

"자네는 신호만 잘 보내는 게 아니라 기계도 잘 다루는군. 꼭 전신을 위해 태어난 사람 같아."

동료들도 모두 고개를 끄덕이며 엘을 인정했어요.

엘이 회사 안에서 중요한 인물이 되자, 사람들은 더 이상 '엘'이라고 부르지 않고 존중을 담아 '에디슨'이라고 불렀어요.

에디슨은 단순히 고장 난 전신 기계를 고치는 데 그치지 않고, 더 편리하게 쓸 수 있도록 이런저런 방법을 떠올려 바꾸기도 했어요. 그 경험은 훗날 에디슨이 여러 가지 발명을 하게 되는 소중한 밑바탕이 되었어요.

10 수많은 실패

 에디슨은 전신 기계를 누구보다 잘 알게 되었어요. 기계를 고치며 공부하는 동안 머릿속에는 점점 더 재미있는 생각들이 떠올랐어요.
 "이 기계를 조립하면 전혀 다른 기계로도 만들 수 있겠는걸?"
 어릴 때부터 실험을 좋아했던 에디슨은 마음이 설레서 가만히 있을 수 없었어요.
 "해 보자! 실험해 보자!"

마침내 그는 전신 일을 그만두고 진짜 하고 싶었던 발명을 하기로 마음먹었어요.

그 계기가 된 발명품이 바로 '전기 투표 기록기'였어요. 회의 시간에 손을 들어 찬성과 반대를 세던 방식 대신에 버튼만 누르면 찬반 수가 한눈에 딱 보이는 편리한 기계였지요.

'이 기계로 회의 시간이 줄어들면 모두가 편해질 거야!'

에디슨은 자신감에 찬 표정으로 관청에 발명품을 등록했어요. '전기 투표 기록기'는 그의 첫 번째 특허 제품이 되었지요.

특허는 발명품을 함부로 따라 만들지 못하도록 발명가의 권리를 지켜 주는 제도예요.

'이제 나도 발명가가 된 거야!'

눈앞이 환하게 밝아지는 것만 같았어요.

에디슨은 기쁨을 참지 못하고 방안을 왔다 갔다 했어요.

'좋아, 이 기계를 들고 의회로 가자! 국가 의회에서 이 기계를 쓰게 된다면 정말 많은 사람들이 사 줄 거야!'

그는 기대에 부풀어 '전기 투표 기록기'를 품에 안고 의회를 찾아갔어요.

"제 발명품입니다! 회의가 훨씬 빨라지고 효율적으로 바뀔 거예요!"

그러나 설명을 듣던 의원은 얼굴을 찡그리며 고개를 저었어요.

"이건 우리에게 필요 없네."

에디슨은 생각지도 못한 반응에 어쩔 줄 몰라 했어요.

"네? 왜 이 기계가 필요 없다는 거죠?"

"자넨 의회가 어떻게 돌아가는지 전혀 모르는 모양이군."

의원은 에디슨을 바라보며 천천히 설명했어요.

"우리는 서로의 태도와 말에 귀 기울이며 천천히 결정하는 걸 더 중요하게 생각하네. 버튼 하나로 회의가 끝나 버리면 상대를 설득할 기회가 사라지지 않겠나. 이 기계는 우리에게 도움이 되지 않아."

의원은 그렇게 말하고는 기계를 돌려주었어요.

"아, 그렇군요. 제가 미처 거기까지는…."

에디슨은 '전기 투표 기록기'를 안고 석양이 물든 거리를 터덜터덜 걸어갔어요.

조금 전까지의 들뜬 기분은 사라지고 마음은 실망으로 가라앉았어요.

그는 하- 하고 깊은 한숨을 내쉬었어요.

'그렇구나. 내가 아무리 좋다고 해도 사람들이 원하지 않으면 소용 없는 거였어. 아직 나는 세상을 잘 모르고 있었던 거야.'

첫 번째 발명은 실패로 끝났고, 에디슨은 마음속 깊이 낙심했어요. 또각또각 울리는 신발 소리만이 쓸쓸하게 들렸지요.

그 순간 어딘가에서 어머니의 목소리가 들리는 듯했어요.

 '몇 번이고 다시 시도해 보렴. 하다 보면 잘되는 일도 분명 있을 거야.'

 우울했던 마음속에 한 줄기 빛이 스며들며 정신이 번쩍 들었어요.

 '그래! 다시 해 보는 거야. 실패해도 괜찮아. 다음에 성공하면 되니까!'

 에디슨은 자신이 만든 신문으로 많은 사람들을 기

쁘게 했던 기억을 떠올렸어요.

'그래, 그때처럼 사람들의 목소리에 귀 기울여야 해. 내가 만들고 싶은 것만 생각할 게 아니라 정말 사람들이 필요로 하는 걸 만들어야 하는 거야.'

11 성공의 순간

뉴욕의 거리는 늘 사람들로 붐볐어요. 마차 바퀴 소리와 구두 소리, 종소리 그리고 사람들의 목소리가 복잡하게 뒤섞여 있었지요.

높은 건물들 사이로 주식을 사고파는 사무실이 줄지어 있었어요. 이곳에서는 매일 돈이 오가고 새로운 기회가 만들어졌어요.

그때 에디슨의 나이 스물두 살이었어요.

그는 더 많은 사람들의 목소리를 듣고 새로운 세

상을 경험하기 위해 뉴욕으로 온 거예요.

뉴욕은 미국에서 가장 큰 도시 중 하나로, 주식을 사고파는 금융의 중심지였어요.

에디슨은 사방을 둘러보며 생각했어요.

'와, 이렇게 돈을 벌기도 하는구나.'

주식은 회사가 필요한 돈을 모으기 위해 사람들에게 돈을 받고 그 대가로 주식을 나눠 주는 방식이에요. 회사가 성장하면 주식을 가진 사람들도 이익을 얻지만, 회사가 성장하지 못하면 주식을 산 사람도 손해를 보게 되지요.

에디슨은 사무실 안에서 진지한 얼굴로 숫자를 확인하는 사람들을 바라보며 생각했어요.

'주식을 사는 사람들은 주식 가격이 오르고 내리는 걸 늘 신경 쓰고 있구나.'

그리고 곧장 무릎을 쳤어요.

'그래, 바로 이거야! 주식 가격을 더 빨리 알 수 있는 기계를 만들자! 분명 주식을 가진 사람들이라면 꼭 갖고 싶어 할 거야.'

에디슨은 연구를 시작했어요.

비록 이전에 만들었던 '전기 투표 기록기'는 실제로 사용되진 않았지만, 기계 자체는 매우 훌륭했어요.

에디슨은 그 경험을 바탕으로 전기 투표 기록기와 전신 기계를 결합해 매일 밤늦도록 연구하고 실험을 거듭했어요.

그리고 마침내 주식의 가격을 실시간으로 알려 주는 '주식 표시기'를 완성했어요.

'이 기계를 사용하면 주식 가격이 오르고 내리는 걸 바로바로 알 수 있어!'

에디슨이 '주식 표시기'를 발명했다는 소문이 사람들 사이에 퍼지자 큰 회사의 사장이 찾아왔어요.

"이 발명품을 내게 얼마에 팔 수 있습니까?"

에디슨은 잠시 고민했어요.

'3만 달러? 아니, 5만 달러라고 할까?'

그가 한참을 망설이며 대답하지 못하자 사장이 먼저 말을 꺼냈어요.

"4만 달러에 파는 건 어떻습니까?"

에디슨은 깜짝 놀랐어요. 4만 달러는 그에게 꿈만

같은 큰돈이었거든요.

"예, 그렇게 하시지요."

에디슨은 처음으로 자신이 만든 발명품으로 크게 성공했어요.

'이번엔 공장을 세우자! 더 많은 걸 발명해서 더 많은 사람에게 도움이 되는 걸 만들자!'

그는 뉴욕 근처에 있는 뉴어크에 4층짜리 건물을 얻어 자신의 공장을 만들었어요. 그곳에서 더 많은 기계와 발명품을 연구할 수 있었지요.

스물세 살의 에디슨은 이제 어엿한 공장을 운영하는 발명가이자, 자신의 꿈을 이루어 가는 사람이 되었어요.

12 슬픔과 기쁨이 함께한 날

에디슨은 하루하루 열심히 일했어요.

공장에서 기계를 만들고 새로운 연구와 실험에도 몰두했지요. 밤을 꼬박 새우는 일도 많았고 식사를 거를 때도 있었어요.

'지금 밥 먹을 때가 아니야. 연구가 이렇게 재미있는데!'

에디슨은 그렇게 일에 빠져 지냈어요.

포트휴런에 있는 부모님의 집에도 오랫동안 찾아

가지 못했지요.

 그렇게 바쁜 나날을 보내던 어느 날, 어머니가 돌아가셨다는 슬픈 소식을 듣게 되었어요.

 에디슨은 곧장 포트휴런으로 달려갔어요. 차가워진 어머니의 손을 꼭 잡고 용서를 구했어요.

 '어머니, 오랫동안 찾아뵙지 못해 죄송해요…'

 어머니는 어릴 적부터 에디슨에게 과학과 실험의 기쁨을 알려 준 분이었어요. 그리고 언제나 에디슨을 믿고 응원해 주었지요.

 에디슨은 깊은 슬픔 속에서 소중한 어머니와 마지막 인사를 나누었어요.

 '어머니, 정말 고마웠어요. 이제 편히 쉬세요.'

 뉴욕으로 돌아온 뒤에도 에디슨의 마음에는 슬픔이 쉽게 가시지 않았어요.

 '나를 늘 믿어 준 어머니를 위해서라도… 더 열심

히 연구해야 해!'

그는 마음을 다잡고 다시 실험에 몰두했어요.

그 무렵 에디슨 곁에서 조용히 힘이 되어 준 사람이 있었어요. 그녀의 이름은 메리. 에디슨의 회사에서 함께 일하던 동료였지요.

메리는 진지하게 일하는 에디슨을 점점 좋아하게 되었어요. 에디슨도 자신을 따뜻하게 대해 주는 메리에게 마음이 끌렸어요.

얼마 지나지 않아 두 사람은 동료들의 축복 속에 결혼식을 올렸어요.

결혼식이 끝나고 두 사람이 새로 살 집에 처음 도착한 저녁이었어요. 그런데 에디슨의 머릿속에는 실험에 대한 생각이 자꾸 맴돌았어요.

"잠깐 연구실에 다녀올게. 저녁 식사 전에 꼭 돌아올 거야."

그런데 에디슨은 한번 연구에 빠지면 다른 건 모조리 잊어버렸어요.

시간은 어느새 훌쩍 지나 밖은 깜깜한 밤이 되었지요. 에디슨은 아직도 연구에 푹 빠져 있었어요.

그때 한 동료가 방으로 들어왔어요.

"아니, 이 시간까지 여기서 뭐 하는 건가? 결혼하자마자 아내를 혼자 둘 셈이야?"

"어? 벌써 시간이 이렇게 됐어?"

시계를 본 에디슨은 깜짝 놀라 허둥지둥 모자를 쓰고 뛰쳐나갔어요.

발이 땅에 닿지 않을 만큼 급하게 달렸지요.

집에 도착했을 때, 메리는 차려 놓은 음식 앞에 조용히 앉아 있었어요. 눈가가 붉게 물든 채 울먹이는 얼굴로 말없이 에디슨을 바라보았어요.

"미안해… 정말 미안해. 내가 너무 나빴어."

　에디슨은 고개를 숙이며 진심으로 사과했어요.
　그녀는 한참 말이 없다가 이내 살짝 웃으며 고개를 끄덕였지요.
　에디슨은 그제야 안도의 숨을 길게 내쉬었어요.
　그렇게 시작된 결혼 생활이었지만, 에디슨과 메리는 함께하면서 따뜻하고 행복한 나날을 차곡차곡 쌓아갔어요.

13 메리의 작은 양

　에디슨은 새로운 전신기와 여러 가지 발명품을 만들어 점점 더 유명해졌어요. 하지만 이름이 알려졌다고 해서 그의 연구 열정이 식은 건 아니었어요.
　"이제 이곳은 실험하고 연구하기엔 너무 좁군."
　그는 더 넓고 새로운 곳을 찾아야겠다고 생각했어요. 그래서 '멘로파크'라는 곳에 직접 연구소를 세우기로 결심했지요.
　그때 에디슨의 나이는 겨우 스물일곱 살이었어요.

아이도 태어나고 가족이 생긴 에디슨은 연구소 근처에 큰 저택도 마련했어요.

'이곳이라면 마음껏 실험하고 원하는 발명을 계속할 수 있을 거야.'

그 무렵 에디슨은 전기의 힘으로 소리를 전달하는 기술을 연구하고 있었어요.

에디슨의 머릿속에는 새로운 아이디어가 꼬리에 꼬리를 물고 떠올랐어요. 그는 밤낮도 잊은 채 실험에 푹 빠져 지냈지요.

연구실 불빛은 밤이 깊도록 꺼지지 않았어요.

"이번엔 또 어떤 기계를 만들고 있는 걸까?"

"분명 우리를 놀라게 할 거야. 에디슨이잖아."

연구실 동료들은 작은 목소리로 수군거리며 에디슨의 발명이 얼마나 대단할지 궁금해했어요.

어느 날 에디슨이 모두를 연구실로 불렀어요.

"다들 이리 좀 와 봐."

동료들이 하나둘 모여들자, 에디슨은 둥근 통처럼 생긴 기계를 가리켰어요. 기계에는 손으로 돌릴 수 있는 손잡이가 달려 있었어요.

그는 손잡이를 빙글빙글 돌리더니 갑자기 익살스럽게 노래를 부르기 시작했어요.

"메리의 작은 양, 작은 어린 양~."

모두 웃음을 참으며 그 모습을 바라보았어요.

노래를 마친 에디슨은 손잡이를 다시 돌리며 말했어요.

"자, 이번엔 귀를 기울여 봐."

기계에서 작은 소음이 나더니 방 안에 낮고 조용한 노래가 들려오기 시작했어요.

바로 조금 전에 에디슨이 부른 그 노래였어요.

"메리의 작은 양, 작은 어린 양~."

모두가 놀라며 서로를 바라보았어요.

"지금 아무도 노래하고 있지 않은데… 어떻게 소리가 들리지?"

"마법이야, 마법! 진짜 신기해!"

에디슨은 빙그레 웃으며 말했어요.

"드디어 완성했어! 소리를 녹음해서 다시 들려주는 기계야. 어때? 훌륭하지?"

그것은 '축음기'라는 물건이었어요. 목소리와 음악을 기록해 두었다가 나중에 다시 들려주는 기계였지요. 지금으로 말하면 녹음기와 같은 장치예요.

"이제 집에서도 음악을 들을 수 있어!"

"사람이 없어도 노래를 몇 번이고 다시 들을 수 있다니… 정말 대단해!"

축음기의 발명은 사람들을 깜짝 놀라게 했어요.

그리고 곧 많은 사람들의 삶을 바꿔 놓았지요.

14 절대 포기하지 않아!

그 당시 사람들은 밤이 되면 램프나 양초를 사용해 집 안을 밝게 했어요. 램프는 기름을 채워 심지에 불을 붙이는 방식이었고, 양초는 촛불 하나로 어두운 방을 밝혔지요.

둘 다 불을 태우는 방식이어서 조금만 실수해도 화상을 입거나 불이 번져 화재가 나는 일이 종종 있었어요. 게다가 불빛이 약해 책을 읽거나 바느질하려면 잘 보이지 않아 무척 불편했어요.

때로는 한 사람만 불 앞에서 글을 보고, 나머지 가족들은 어둠 속에서 지내야 할 때도 있었지요.

바깥 거리에서는 가스등을 사용했어요.

이 역시 가스를 태워 불꽃으로 비추는 방식이어서 언제나 화재의 위험이 따라다녔지요.

'지금보다 더 안전하고 밝은 빛이 있으면 얼마나 좋을까?'

많은 사람들이 그런 바람을 품고 있었어요.

여러 발명가가 새로운 빛을 만들기 위해 연구를 계속했어요.

그 가운데 주목받기 시작한 것이 '전기의 힘'으로 만드는 빛, 즉 '전구'였어요.

당시에도 전기로 빛을 낼 수 있다는 건 알려져 있었지만, 아직 실생활에 쓸 수 있는 전구는 없었어요. 전구를 만드는 재료는 너무 비쌌고 빛을 내더라

도 잠깐이면 꺼져 버렸기 때문이에요.

'오래도록 꺼지지 않는 전구를 만들어야 해!'

에디슨은 계속해서 연구에 몰두했어요.

전구는 유리 속에 '필라멘트'라는 가느다란 선을 넣어 전기를 흘려 빛을 내는 구조예요.

그런데 필라멘트는 전기 때문에 금세 뜨거워지고 곧 타버려서 끊어지고 말았어요. 전구가 오래가지 못하는 이유가 바로 그것이었지요.

'전기가 흘러도 끊어지지 않는 필라멘트를 찾아야 해. 반드시 찾고 말겠어!'

에디슨은 백금을 비롯한 여러 재료를 하나하나 시험해 보았어요. 수없이 많은 실험을 반복하는 동안 실패도 셀 수 없이 많이 했어요.

어떤 날은 하루 종일 실험만 하다가 아무 결과도 얻지 못한 채 돌아가기도 했지요. 하지만 그는 단 한 번도 포기하지 않고 끝까지 도전했어요.

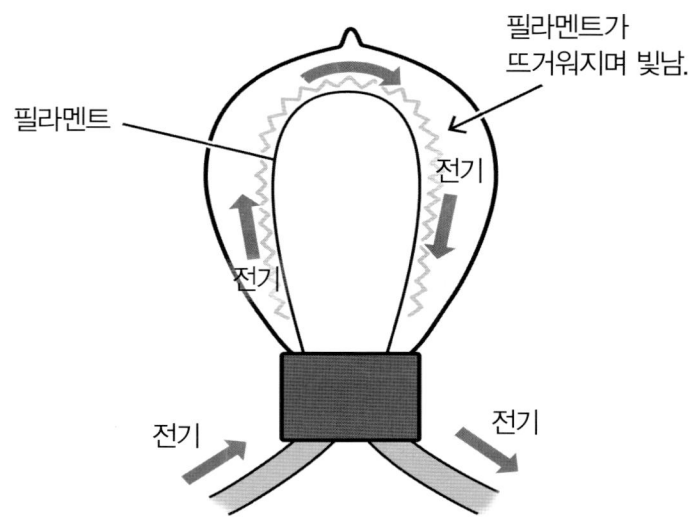

지치고 힘들 때면 어릴 적 어머니가 해 주던 말이 떠올랐어요.

'몇 번이고 다시 해 보렴. 분명 잘될 거야.'

그 말은 언제나 에디슨의 마음을 다시 일으켜 주었어요.

'그래, 99번 실패하더라도 100번째 성공할 수 있어. 아니, 만 번 실패하더라도 그건 만 번의 방법을 배운 거야.'

그는 종이를 태워 만든 숯을 필라멘트로 써 봤어요. 그러자 불빛이 8분 동안이나 꺼지지 않았어요. 아직은 부족했지만 가능성이 보이기 시작했지요.

'될 때까지 계속 실험하는 거야!'

에디슨은 포기하지 않고 계속 실험한 끝에 무명실로 만든 필라멘트로 약 40시간이나 빛나는 전구를 만들었어요.

그 전구는 마침내 사람들이 실제로 사용할 수 있을 만큼 좋아졌어요.
에디슨의 새 전구가 세상에 공개되자 신문마다 기사로 다뤘고, 사람들은 크게 환호했어요.
"와, 정말 멋진걸!"
"이제 밤에도 마음 놓고 책을 읽을 수 있어!"
"새로운 빛이 세상을 밝혔어!"
그때가 바로 1879년, 에디슨이 서른두 살이 되던 해였어요.

미국에서는 이 위대한 날을 기념해 10월 21일을 '에디슨의 날'로 정했어요.

 하지만 에디슨은 거기서 멈추지 않았어요.

 '아직 부족해. 더 오래, 더 밝게 빛나는 전구를 만들 거야!'

 그는 다시 필라멘트 재료를 찾기 시작했어요. 끊어지지 않고 열에도 강한 재료를 찾아내야 했지요.

 삼나무, 전나무, 옥수수 껍질까지 여러 재료를 하나하나 시험했어요. 그중에서 에디슨이 주목한 것은 '대나무'였어요.

 실처럼 얇게 만든 대나무를 숯으로 태우면 열에 강하고 잘 끊어지지 않았어요.

 '좋아! 전 세계의 대나무를 모아 실험해 보자!'

 에디슨은 사람들을 세계 곳곳으로 보내 가장 좋은 대나무를 찾게 했어요. 그리고 마침내 더 밝고,

더 오래가는 전구를 완성하게 되었지요.

그날 이후로 밤은 더 이상 어둡기만 한 시간이 아니었어요. 한 사람의 끈질긴 도전이 온 세상의 밤을 따뜻한 빛으로 바꾸어 놓았지요.

그 불빛 속에는 수천 번의 실패를 견딘 에디슨의 용기와 땀이 깃들어 있었답니다.

15 빛나는 마을

에디슨은 대나무로 만든 필라멘트를 사용해 전구를 수없이 만들어 실험했어요. 시간도 돈도 많이 들었지만, 그 모든 고생이 잊혀질 만큼 놀라운 성과를 거두었어요.

연구실의 동료들도 크게 기뻐했고 마을 사람들 역시 밝은 희망을 품게 되었어요.

"이제 전 세계의 동네가 환해질 거야!"

"모든 집이 밝게 빛나는 세상이 되면 좋겠어!"

그건 많은 사람들뿐만 아니라 에디슨이 오래전부터 꿈꾸던 목표이기도 했어요.

그런데 또 하나의 큰 문제가 있었어요. 전구를 켜려면 반드시 전기가 있어야 했거든요.

당시에는 전기를 충분히 만들어 내는 곳도, 전기를 멀리까지 보내는 방법도 제대로 갖춰지지 않았어요. 그래서 전기를 만들어 줄 발전소와 전기를 곳곳으로 보내 줄 전선이 꼭 필요했어요.

'좋아, 발전소도 만들고 전선도 만들자!'

에디슨은 결국 '전기 조명 회사'를 세웠어요.

이 회사는 전기를 만들어 내는 발전기와 전기를 여러 곳으로 보내는 전선을 만드는 일을 했어요.

그는 뉴욕의 몇몇 건물에 직접 전선을 연결해 실험했어요. 그런데 전선을 연결하던 중 갑자기 불이 꺼지는 정전 사고가 일어났어요.

"앗, 불이 꺼졌어!"

사람들이 놀라 소리쳤지만, 에디슨은 침착하게 문제를 해결하고 다시 불을 밝혔어요.

'완벽하지 않아도 괜찮아. 지금 우리는 세상을 바꾸는 중이니까.'

그 덕분에 많은 곳에 안정적으로 전기를 공급할 수 있었고 전구도 더 널리 쓰이게 되었어요.

1882년 9월, 뉴욕의 화려한 거리 펄가에 많은 사람이 모였어요.

그곳에 에디슨이 만든 커다란 발전소가 세워졌기 때문이에요.

"이번에도 에디슨이 우리를 깜짝 놀라게 하겠지?"

"기대돼! 두근두근해!"

거리에 어둠이 내려앉자 펄가에 설치된 전구들이 일제히 불을 밝혔어요.

"와아, 정말 멋지다!"

"낮보다 더 밝은 것 같아!"

깜깜하던 거리 위로 전구들이 별처럼 반짝였어요. 펄가는 금세 빛나는 보석 거리처럼 변했지요.

"반짝거려서 눈이 부셔!"

"정말이야, 마치 보석 같아!"

사람들은 손뼉을 치며 환호했고, 전구가 만들어 낸 따뜻한 빛에 감탄하며 숨을 크게 들이쉬었어요.

그 모습을 바라보던 에디슨은 조용히 미소 지었지

요. 자신의 발명이 사람들을 행복하게 한다는 사실만으로도 충분했거든요.

'그래, 사람들이 원하고 기뻐하는 것을 만드는 것. 이것이야말로 내가 하고 싶었던 발명이야.'

에디슨의 전구는 거리와 집을 밝히고, 끝없는 연구를 통해 마침내 전 세계로 퍼져 나갔어요.

16 새 연구소에서의 도전

 한여름의 태양은 여전히 뜨겁게 빛나고 있었지만, 에디슨의 집 안에는 무거운 어둠이 내려앉았어요.

 결혼한 지 13년째 되던 여름날, 사랑하는 아내 메리가 갑작스러운 병으로 세상을 떠났기 때문이에요.

 에디슨은 남겨진 세 아이와 함께 서로의 손을 꼭 잡고 깊은 슬픔에 잠겼어요.

 '메리가 더 오래 행복했으면 좋았을 텐데…'

 에디슨은 괴로운 마음을 잊기 위해 다시 연구에

몰두했어요.

　연구실의 동료들도 그런 에디슨과 아이들을 따뜻한 눈길로 바라보며 조용히 곁을 지켜 주었어요.

　그리고 얼마 후, 에디슨은 '미나'라는 여자를 만나게 되었어요. 미나의 아버지도 발명가였기 때문에 에디슨의 일과 연구에 대해 누구보다 잘 이해하고 있었어요.

　미나와 대화를 나누다 보면 그의 마음도 점점 편안해졌어요.

　어느 날 그녀가 에디슨에게 말했어요.

　"저… 모스 신호를 가르쳐 줄 수 있나요?"

　모스 신호는 에디슨이 젊은 시절 전신 일을 하며 자주 사용했던 것이었어요.

　'돈'이라는 짧은 소리와 '쓰'라는 긴 소리를 조합해 글자를 만들어 내는 방식이었지요.

 그 조합을 기억해 두면 굳이 말하지 않고 손가락으로 '돈, 돈, 쓰' 하고 두드리기만 해도 조용히 대화를 나눌 수 있었어요.
 에디슨이 처음부터 차근차근 가르쳐 주자 똑똑한 미나는 금세 모스 신호를 익혔지요.
 사람들이 북적이는 자리에서도 의자 팔걸이나 테이블을 살짝 두드리는 것만으로 두 사람은 아무도 모르게 속삭이듯 대화를 나눌 수 있었어요.

"일 끝나면 숲으로 산책하러 나가지 않을래요?"

"좋아요. 오늘은 날씨도 참 맑네요."

에디슨과 미나는 눈을 마주친 채 조용히 미소 지었어요. 그 짧은 대화는 둘만 아는, 말보다 더 따뜻한 신호였지요.

이렇게 주고받은 따뜻한 말들이 두 사람의 마음을 조금씩 가깝게 만들어 주었어요.

그러던 어느 날 에디슨은 모스 신호로 조용히 마음을 전했어요.

"나와 결혼해 주지 않겠어요?"

그녀는 잠시 놀란 듯했지만 곧 모스 신호로 대답을 보냈어요.

"예, 좋아요."

그렇게 두 사람은 결혼했어요.

그녀는 에디슨과 나이 차이가 많았지만, 그의 삶

과 마음을 진심으로 이해해 주었지요.

그녀는 연구에 빠져 지내는 에디슨의 생활과 건강을 살뜰히 챙겼어요. 집안일은 물론이고, 차가웠던 연구실 분위기까지 따뜻하게 바꿔 주었지요.

동료들은 "요즘 연구실이 더 편안해졌어요."라고 장난스럽게 말하기도 했어요.

그 무렵 에디슨은 새로운 발명을 준비하고 있었어요. 지금 쓰고 있는 연구실은 이미 너무 좁았고, 실험을 계속하기에 여러모로 불편했지요.

그는 연구실을 '웨스트오렌지'라는 조용하고 넓은 곳으로 옮기기로 했어요. 그곳은 연구와 실험을 하기에 딱 알맞은 장소였어요.

새 연구소 주변에는 네모난 건물들이 질서 있게 늘어서 있었어요. 그 광경을 바라보는 순간 에디슨의 가슴에 다시 열정과 의욕이 불타올랐어요.

"그래, 다시 시작이야! 전 세계 사람들을 놀라게 하고 기쁘게 할 물건을 만들자!"

에디슨은 그렇게 또 한 번 발명가로서의 길을 마음속 깊이 다짐했어요.

17 영사기와 촬영기

 에디슨은 10년 전인 1877년에 소리를 녹음해 다시 들을 수 있는 축음기를 발명했어요.
 그는 축음기를 더 편리하게 만들기 위해 모양과 기능을 조금씩 바꾸었어요. 그러던 중 머릿속에 새로운 생각이 번쩍 떠올랐어요.
 '소리를 기록할 수 있다면 눈으로 본 것도 기록해서 다시 볼 수 있지 않을까? 그것도 사진처럼 멈춰 있는 게 아니라 진짜처럼 움직이는 모습으로!'

그 시대에는 이미 사진이 있었어요. 하지만 사진은 한 장 한 장 멈춰 있는 모습만 담고 있었지요.

에디슨은 움직이는 모습까지 담을 수 있다면 훨씬 더 재미있고 신기할 거라고 생각했어요.

그러던 어느 날 에디슨은 '마이브리지'라는 사람이 찍은 말 사진을 보게 되었어요.

달리는 말을 12대의 카메라로 차례차례 찍은 사진

이었어요. 사진을 빠르게 넘기니, 정말 말이 달리는 것처럼 보였어요.

'그래, 이거야! 이 방법을 잘 활용하면 움직이는 모습도 기록할 수 있을지 몰라!'

에디슨은 곧바로 연구에 들어갔어요.

'정말 움직이는 것처럼 보이게 하려면 훨씬 더 많은 사진을 아주 빠르게 이어서 보여 줘야 해.'

그러나 곧 어려움에 부딪혔어요.

그 당시에는 사진을 유리판에 찍었기 때문에 무거웠고, 여러 장을 빠르게 연속으로 찍기에는 매우 불편했지요.

실험은 좀처럼 잘 되지 않았어요.

그때 뉴욕에서 반가운 소식이 들려왔어요. '셀룰로이드 필름'이라는 새로운 재료가 개발되었다는 소식이었어요.

이 필름은 플라스틱으로 만들어졌는데, 가볍고 부드러워서 돌돌 말거나 여러 가지 모양으로 바꾸기 쉬웠어요.

'그래! 이 필름이라면 빠르게 연속으로 찍을 수 있어. 내가 생각한 움직이는 사진에 꼭 맞는 재료야!'

에디슨은 이 필름을 이용해 사진을 계속해서 찍을 수 있는 '촬영기'를 만들었어요.

그리고 그 사진들을 연속으로 보여 주는 '영사기'도 함께 만들었지요.

촬영한 필름을 상자 안에 넣

고 전기로 움직이면서 빛을 비추었어요. 그 모습을 상자에 난 구멍으로 들여다보면 마치 사진들이 살아 움직이는 것처럼 보였어요.

　에디슨은 주변 사람들을 초대해 이 기계를 보여 주었어요.

"오오, 정말 사람이 움직여요!"

"설마 이 상자 안에 조그만 사람이 들어 있는 건 아니죠?"

　사람들은 깜짝 놀라며 웃었어요. 그 표정에는 놀라움과 기쁨이 함께 담겨 있었어요.

　이 발명품은 곧바로 큰 인기를 끌었고, 미국 곳곳의 카페에 놓여 사람들에게 새로운 즐거움을 주었어요.

　전기를 이용한 초기 영화 장치였던 이 영사기는 전 세계적으로도 널리 알려졌지요.

에디슨은 여기서 멈추지 않고 영상에 소리까지 더한 '키네토스코프'라는 기계도 만들었어요.

이렇게 시작된 에디슨의 영상 기술은 점점 발전을 거듭해 오늘날 우리가 즐기는 영화의 시작점이 되었답니다.

18 발명왕 에디슨

에디슨은 '발명왕'이라는 이름으로 전 세계에 널리 알려졌어요.

신문과 잡지마다 그의 이야기와 사진이 실렸고, 사람들은 거리에서 에디슨 이야기를 나누며 칭찬을 아끼지 않았어요.

"발명왕 에디슨은 정말 대단해!"

"다음엔 또 어떤 걸 발명할까? 궁금해!"

"그 사람 덕분에 우리 삶이 달라지고 있어!"

수많은 발명을 해낸 에디슨은 정말 멋진 사람이었어요.

아이들은 학교에서 에디슨처럼 발명가가 되고 싶다고 말했고, 상점 안 라디오에서는 '에디슨의 신기한 기계' 이야기가 끊이지 않았지요.

하지만 그런 에디슨에게도 조금 엉뚱하고 인간적인 모습이 있었어요. 실험과 연구 외에는 관심이 없어서 귀찮아하는 일도 종종 있었거든요.

연구에 몰두하다 보면 집에 돌아가는 것도 잊을 정도였어요.

어느 날 그의 아내 미나가 연구실로 도시락과 갈아입을 옷을 들고 찾아왔어요.

"이건 점심이에요. 그리고 이건 깨끗한 셔츠예요. 옷도 갈아입으면서 해야죠."

그 말을 들은 에디슨은 눈을 동그랗게 떴어요.

"아, 벌써 집에 안 간 지 사흘이나 지났군!"

그제야 자신이 집을 잊고 있었다는 걸 깨달았지요. 식사하는 것도, 목욕하는 것도 종종 깜빡해 버릴 만큼 에디슨은 실험에 온 정신을 쏟았어요.

그럴 때마다 미나는 조용히 곁에서 그를 도와주었어요.

에디슨은 밤을 새우며 실험하는 일이 잦았고, 실험대 위나 책상에서 그대로 잠들기도 했지요.

어느 날 두꺼운 책을 베고 잠든 에디슨을 본 동료가 장난스럽게 말했어요.

"에디슨은 자는 동안에도 책 내용을 흡수하고 있는 거야!"

"역시 에디슨이야!"

두 사람은 마주 보며 킥킥 웃었어요.

에디슨은 언제나 연구에 몰두하는 진지한 사람이었지만, 뜻밖에도 장난기 많은 면도 있었어요.

실험 노트를 펼치면 숫자와 기호 사이에 슬쩍 적어 둔 농담이나 웃긴 그림이 툭 튀어나오곤 했지요.

누군가 에디슨에게 "전구를 만들기 위해 천 번이나 실패했다면서요?" 하고 묻자, 에디슨은 이렇게 대답하기도 했어요.

"나는 한 번도 실패한 적이 없어요. 다만, 전구를 만들 수 없는 방법을 천 가지나 알아낸 것뿐입니다."

이런 유쾌한 대답에 동료들은 감탄하며 웃음을 터뜨렸어요.

한번은 4월 1일 만우절에 있었던 일이에요.

미국에서는 '만우절'이라 불리는 장난의 날이 있는데, 에디슨도 이날을 그냥 지나치지 않았지요.

그는 신문기자에게 진지한 얼굴로 말했어요.

"나는 공기와 물, 흙으로 비스킷과 고기, 채소를 만드는 기계를 만들었어요. 멋지지 않나요?"

기자는 깜짝 놀랐지만 에디슨의 말에 속아 그 내용을 그대로 신문에 실었어요.

기사가 나온 뒤 사람들은 하나같이 놀라워했지만, 대부분 이렇게 말했지요.

"에디슨이라면 정말 그런 기계도 만들 수 있지 않을까?"

"그 정도쯤은 에디슨에게 식은 죽 먹기지!"

사람들은 신문을 들고 모여서 이야기를 나누고, 아이들은 장난처럼 "엄마, 오늘 저녁은 공기 반찬이야!" 하며 웃음을 터뜨렸어요.

에디슨은 너무 놀라 급히 기자에게 사실을 털어놓고 정정 기사를 내달라고 부탁했어요.

이 일은 에디슨이 사람들을 깜짝 놀라게 하는 걸 얼마나 좋아했는지를 보여 주는 사건이었지요.

그리고 사람들 역시 "에디슨이라면 정말 그럴 수도 있어!" 하고 믿을 만큼 그를 대단하게 여겼다는 것도 알 수 있었어요.

19 에디슨과 친구들

새로운 연구와 발명이 계속 이어지면서 에디슨은 몇 개의 회사를 더 세웠어요.

어느 날 에디슨은 자신이 세운 회사 중 한 곳에서 일하던 젊은 기술자 한 명을 소개받았어요.

그의 이름은 헨리 포드였어요. 그는 에디슨 앞에 서서 조심스럽지만 또렷한 목소리로 자신의 꿈을 이야기했어요.

"저는 자동차를 만들고 싶은 꿈이 있습니다. 누구

나 작동할 수 있고 비싸지 않은 자동차를 만들고 싶어요."

그 당시 자동차는 매우 비싼 물건이었고, 오직 일부 부자들만 가질 수 있었어요.

그런 꿈을 꾼다는 건 참 대단한 용기였지요.

에디슨은 포드의 눈빛과 말투에서 자신의 젊은 시절을 떠올렸어요.

"정말 멋진 꿈이군요. 내가 힘을 보태 줄 테니, 꼭 만들어 보세요."

에디슨의 격려에 포드는 마치 꿈꾸는 듯한 기분이 들었어요. 존경하는 '발명왕'에게 응원을 받았으니 마음이 벅차오를 수밖에 없었지요.

포드는 에디슨의 회사를 그만두고 자신의 자동차 회사를 세웠어요.

처음에는 여러 번 실패했지만 그는 포기하지 않았

어요. 엔진을 더 가볍게 만들고 자동차를 많이 찍어 내 가격을 낮추는 방법을 끊임없이 연구했지요.

그리고 얼마 후, 누구나 살 수 있는 저렴한 자동차가 세상에 나왔어요.

"이 정도 가격이면 우리도 살 수 있겠는걸?"

"부자만 타는 줄 알았던 자동차를 우리도 탈 수 있어!"

사람들은 기뻐하며 포드를 칭찬했어요.

그가 에디슨 앞에서 말했던 꿈은 마침내 현실이 되었지요.

한편, 에디슨도 새로운 축전지를 발명하며 전기로 달리는 '전기 자동차' 개발에 힘을 쏟았어요.

이때 두 사람은 다시 손을 잡고 연구를 시작했어요. 아버지와 아들처럼 나이 차는 있었지만, 에디슨과 포드는 서로를 진심으로 아끼는 좋은 친구가 되었어요.

그들은 종종 서로의 의견을 주고받으며 고무에 관해 함께 실험하기도 했어요.

에디슨은 뛰어난 발명가일 뿐 아니라 주변 사람들에게 늘 응원과 격려를 아끼지 않는 사람이었어요.

그는 나이가 들면서 연구실 밖에서 보내는 시간도 조금씩 즐기기 시작했어요.

그중 하나가 포드를 비롯한 절친한 친구들과 떠나는 캠핑 여행이었어요.

"자, 이번 캠프는 흥미로운 코스야. 봐 봐!"

에디슨은 종이를 펼치고 친구들에게 계획표를 보여 주었어요. 종이에는 캠프에서 할 일이 하나하나 적혀 있었지요. 캠프 계획을 짜는 일은 언제나 에디슨의 일이었어요.

여행할 때 타는 차는 당연히 포드의 자동차였어

요. 그중에는 음식을 만들 수 있도록 꾸며 놓은 특별한 차도 있었지요.

그들이 탄 여러 대의 자동차가 도로를 달릴 때면 사람들이 걸음을 멈추고 구경할 정도였어요.

마을에서 조금 떨어진 조용한 숲에 도착하니 시원한 바람이 살랑살랑 불어왔어요. 풀과 나무 향기로 가득한 그곳은 정말 멋졌지요.

"와, 정말 기분이 좋아."

에디슨은 풀밭에 누워 두 팔을 쭉 뻗은 채 눈을 감았어요. 그리고 어느새 조용히 잠이 들었지요.

젊은 시절부터 일에만 몰두하던 에디슨도 이제는 잠시 쉬어 가며 웃을 수 있게 되었어요.

밤이 되면 친구들과 모닥불 앞에 둘러앉아 이야기꽃을 피웠어요.

발명가 에디슨, 고무 회사의 사장, 유명한 작가처

럼 서로 다른 일을 하는 사람들이 함께 모였지요.

  그들의 이야기는 재미있기도 했고, 때로는 서로에게 멋진 아이디어를 떠올리게 해 주는 시간이 되기도 했어요.

  별이 총총한 어느 날 밤, 포드가 조용히 말했어요.

"선생님과 함께한 이 시간이 제 인생의 자랑이에요. 저는 앞으로도 계속 선생님께 배우고 싶어요."

에디슨은 고개를 끄덕이며 웃었어요.

"우리가 함께 나눈 아이디어 하나하나가 언젠가 미래를 밝히는 불씨가 될 거야."

에디슨은 조용히 불꽃을 바라보았어요.

그 작은 불꽃처럼 에디슨의 열정도 언제까지나 꺼지지 않을 것처럼 보였지요.

20 전 세계를 밝힌 발명왕

늦가을의 바람이 느릿하게 나뭇가지를 흔들던 1929년의 어느 날이었어요. 하늘은 높고 맑았어요.

그날은 에디슨이 전구를 발명한 지 꼭 50년이 되는 아주 특별한 날이었어요.

그는 여든두 살이 되었고, 많은 사람들이 그의 업적을 기념하고 있었지요.

에디슨과 아내 미나는 사람들의 안내를 받고 한 대의 기차에 올라탔어요.

"와… 이건…?"

기차에 올라탄 순간 에디슨은 깜짝 놀라며 환한 미소를 지었어요.

"이건 옛날 기차잖아!"

그건 바로 70년 전, 에디슨이 어린 시절 신문을 팔던 때의 기차였어요. 좌석과 창문, 통로 모두 그때 모습 그대로였지요.

에디슨은 가슴이 벅차올랐어요. 좌석의 등받이와 팔걸이를 천천히 쓰다듬으며 그 시절의 기억을 떠올렸어요. 마치 샌드위치와 신문 가방을 든 아이가 된 것처럼 좌석 사이의 좁은 통로를 천천히 걸었어요.

에디슨이 옆 칸으로 들어서자 더 놀라운 광경이 펼쳐졌어요.

어린 시절 기차 안에서 실험하던 그때처럼 약품과 실험 도구들이 가지런히 놓여 있었던 거예요.

"그래, 이거였어. 그때와 똑같아."

에디슨이 실험 도구를 만지며 감탄에 젖어 있을 때, 누군가 그의 어깨를 톡 하고 건드렸어요.

"에디슨 씨, 소년 시절로 돌아간 기분인가요?"

그의 주위에는 친구들이 둘러서 있었어요.

그중에는 자동차왕 헨리 포드도 있었지요.

"우리는 당신이 걸어온 발명의 길을 되새기기 위해 오래된 역과 기차를 찾아 복원했어요. 그리고 당신의 '마법'이 시작된 멘로파크 연구소도 새롭게 단장했지요. 그 마음을 후대에 꼭 전해 주고 싶어서요."

그 말을 들은 에디슨의 얼굴에는 잔잔한 미소가 번졌어요. 그리고 천천히 고개를 끄덕이며 말없이 감사를 전했지요.

그즈음 에디슨은 나이가 들면서 점점 몸이 약해지고 아픈 곳이 많아져 쉬는 시간도 늘어났어요. 하지만 그는 매일 아내의 부축을 받으며 연구실로 향했지요.

"나는 실험할 때가 가장 건강한 것 같아."

그는 여전히 새로운 발명 아이디어가 떠오를 때마다 메모지에 정성껏 적어 두었어요.

젊은 발명가들이 찾아와 조언을 구하면, 언제나 기꺼이 자신의 경험을 들려주었지요.

가끔은 예전에 만든 발명품을 손에 들고 혼잣말처럼 중얼거리기도 했어요.

"이 작은 기계가 세상을 조금 바꾸었지…."

에디슨은 점점 침대에 누워 있는 시간이 많아졌어요. 그는 늘 자신의 곁을 지키는 아내에게 조용히 말했어요.

"나는 많은 사람을 기쁘게 하는 발명을 했어. 이제 아무런 후회도 미련도 없어."

그리고 1931년 10월 18일, 에디슨은 여든네 살의 나이로 생을 마감했어요.

그는 마지막 순간까지 잠들어 있다가 갑자기 눈을 뜨고는 아내에게 속삭였어요.

"저 세상은… 정말 아름다워."

그것이 에디슨의 마지막 말이었어요.

전구를 발명한 지 52주년이 되는 10월 21일, '에디슨의 날'에 장례식이 열렸어요.

그날 밤은 미국의 집과 거리 곳곳에서 불빛이 1분 동안 꺼졌지요. 사람들은 고요한 어둠 속에서 에디슨을 추모하며 그의 죽음을 슬퍼했어요.

에디슨이 남긴 발명은 이 책에 소개된 것보다 훨씬 많았어요. 토스터, 전기다리미, 확성기, 테이프 등 그가 만든 물건은 무려 1,000개가 넘었지요.

그 발명품 덕분에 지금 우리는 더 편리하고 풍요로

운 삶을 살고 있어요.

 에디슨은 어릴 때부터 호기심 많고 뭐든지 알고 싶어 하는 아이였어요. "왜 그럴까?", "어떻게 되는 걸까?" 하고 스스로 질문하며 실험을 즐겼지요.

 어른이 된 뒤에도 그는 수없이 실패했지만 절대 포기하지 않았어요. '이번에는 꼭 성공할 거야!'라는 희망을 품고 다시 도전했지요.

 끊임없이 묻고 포기하지 않는 마음.

 그 두 가지가 바로 세상을 바꾼 '발명왕 에디슨'을 만든 힘이었어요. 그리고 지금도 누군가의 꿈을 키우는 데 꼭 필요한 소중한 마음이에요. ♣

 인물에 관하여

끊임없이 묻고
포기하지 않는 마음

　어린아이들은 무엇이든 궁금해해요.
"이게 뭐야?", "왜 그런 거야?", "어떻게 되는 거야?"
　그런데 아이들도 자라면서 이런 궁금한 마음이 조금씩 사라지곤 하지요.
　하지만 에디슨은 달랐어요. 어릴 적처럼 어른이 되어서도 무언가에 늘 관심을 가졌고, 궁금한 건 스스로 실험하고 관찰하며 끝까지 알아내려고 했어요.
　그는 언제나 사람들의 삶을 더 편리하게 만들 방법을 고민했고, 누구에게 도움이 되고 기쁨이 될지를 생각하며 수많

은 발명품을 세상에 내놓았어요.

  물론 처음부터 잘된 건 아니에요. 그도 수없이 많은 실패를 경험했고, 수천 번이나 다시 해야 했던 일도 있었어요.

  그래도 에디슨은 단 한 번도 포기하지 않았어요.

  그가 남긴 말 중에는 이런 것도 있어요.

"99번 실패해도 100번째에 성공할 수 있다."

"만 번 실패했다면, 그것은 만 가지 실패 방법을 알아낸 것이다."

  이 말에는 어머니가 해 주던 따뜻한 격려가 담겨 있어요.

"몇 번이고 다시 해 보렴. 분명 잘될 거야."

  그 말은 언제나 에디슨의 마음속에서 꺼지지 않는 불빛처럼 남아 있었어요.

  그렇게 늘 궁금해하는 마음과 포기하지 않는 용기가 세상을 바꾼 '발명왕 에디슨'을 만들었어요.

  이야기는 여기서 끝나지만 에디슨의 끈기와 열정은 지금도 우리 마음속에 살아 있어요.

더욱더 알고 싶은 에디슨 신문

에디슨 씨의 눈물의 기자 회견

0월 0일, 어느 장소에서 에디슨 씨의 '눈물의 기자 회견'이 열렸어요. 에디슨 씨는 모르는 사람이 없을 정도로 유명한 천재 발명가예요. 하지만 전화의 발명과 관련해서는 '그레이엄 벨이 먼저 발명했다'는 의견이 많았어요.
이런 주장에 대해 에디슨 씨는 크게 불만을 느껴 이번 기자 회견을 열게 되었어요.
그는 전화 발명에서 자신의 역할을 알리고 싶었던 거예요.

전화를 발명한 것은 나다!

▲ 억울함에 눈물을 흘리며 말하는 에디슨 씨

처음으로 전화를 발명한 사람은?

1876년, 그레이엄 벨이 만든 '목소리를 보내는 기계'가 특허를 받았어요. 그것이 전화의 발명으로 인정되어 '전화 발명가'로 이름을 남기게 되었어요. 에디슨은 특허를 넘겨주었지만, 그의 전화기는 더 편리하고 사용하기 쉬웠어요.

▲ 여러 번 고쳐 만든 에디슨의 전화기
▲ 그 전화기를 처음 쓴 사람이 바로 벨이었답니다!

신문 기자가 본인에게 직접 속마음을 들었다!

에디슨 주장
나는 전화기 구조를 잘 알고 있었지! 사실 전화기를 만든다고 처음 말한 사람은 나야!

벨의 주장
나는 말만 한 게 아니에요! 전화기 모형 특허를 냈어요. 이제 인정해 주세요!

마을 사람들의 반응은?!

거리에서 데이트하는 밥과 로즈에게 물었다

저는 에디슨 씨 편이에요. 에디슨의 전화기는 작고 소리도 잘 들려요!

로즈 씨

밥 씨
저는 벨 씨 편이에요. 발명에서는 특허를 먼저 받는 게 중요해요. 에디슨 씨도 그걸 잘 알고 있을 거예요!

※ 이 글은 전화기 발명을 둘러싼 실화를 바탕으로 쓴 글입니다.

알면 놀라운 에디슨의 재밌는 일화

일회용 셔츠?!

에디슨은 SF 소설을 쓰려고도 했대요. 그중 하나인 '일회용 셔츠'는 얇은 막을 365장 겹친 셔츠예요.
매일 한 장씩 바꿔 입을 수 있어서 세탁도 필요 없고, 편리하겠죠!?

'헬로'도 에디슨이 시작?!

한국에서는 전화를 받을 때 '여보세요?'라고 하고, 미국에서는 'Hello'라고 해요.
이 말은 에디슨이 전화 통화에서 처음 사용하면서 널리 퍼졌다고 해요. 짧고 쉬운 인사말이라서 모두 따라 하게 된 걸까요?
역시 에디슨! 정말 대단하지요?

세계에서도 유명한 사람!

에디슨은 일본과도 깊은 인연이 있어요. 일본의 한 과학자인 노구치 히데요가 에디슨을 찾아간 적이 있었어요.
그때 에디슨은 자신이 직접 쓴 글과 사인이 담긴 사진을 선물로 주었다고 해요.

에디슨 연표

1847년 0세	◆	미국 오하이오주 밀란에서 태어남.
1855년 8세	◆	어머니 낸시에게 공부를 배움.
1859년 12세	◆	철도에서 신문을 팔기 시작함.
1862년 15세	◆	역장의 아들을 구한 뒤 전신 기술을 배움.
1868년 21세	◆	전기 투표 기록기 발명함.
1871년 24세	◆	어머니 낸시가 세상을 떠남.
1876년 29세	◆	멘로파크로 연구소를 옮김.
1877년 30세	◆	축음기를 발명함.
1879년 32세	◆	약 40시간 동안 빛을 낼 수 있는 백열전구를 발명함.
1887년 40세	◆	웨스트오렌지로 연구소를 옮김.
1891년 44세	◆	영사기를 발명함.
1910년 63세	◆	축전기를 사용한 전기 자동차를 운전함.
1929년 82살	◆	백열전구 발명 50주년 기념 행사가 열림.
1931년 84살	◆	세상을 떠남.

올바른 독서 방법

올바른 독서 과정은 글을 읽기 전, 읽는 중, 읽은 후로 구분해요. 특히 책을 읽은 후에 하는 활동은 논리력과 표현력을 높이는 데에 반드시 필요하답니다.

독서 과정	독자의 역할
읽기 전	·제목이나 차례를 보고 내용 상상하기 ·표지와 본문의 글, 그림 등을 보며 내용 예측하기 ·공책에 궁금한 점 적기
읽는 중	·글의 내용이나 장면을 머릿속에 떠올리기 ·글 속에 숨어 있는 내용이나 글쓴이의 생각 파악하기 ·인상적인 표현과 중요한 내용에 밑줄을 긋거나 따로 표시하기 ·읽기 전에 궁금했던 내용 확인하기
읽은 후	·줄거리를 요약하고 주제 파악하기 ·글에 대한 자신의 생각 정리하기 ·등장인물이 되어 상상하기

더 생각해 보기

1 에디슨은 어릴 때 궁금한 건 꼭 물어보거나 직접 실험하며 배웠어요. 여러분도 '왜 그럴까?' 하고 궁금했던 일이나 스스로 알아본 경험이 있다면 적어 보세요.

2 에디슨은 수많은 실패에도 포기하지 않고 끝까지 도전했어요. 여러분도 무언가를 하다가 실패하거나 힘들었지만 끝까지 해낸 경험이 있다면 적어 보세요.

더 생각해 보기

3 에디슨처럼 여러분이 직접 발명해 보고 싶은 물건을 상상해 그림으로 표현해 보고, 상장도 꾸며 주세요.

_____ 상

이름 **에디슨**

위 사람은 _____

_____

_____

_____

_____

이 상장을 수여합니다.

년   월   일

이 책을 읽은 _____

편지 쓰기

발명왕 에디슨에게 편지를 써 보세요.

에디슨에게 힘이 되어 준 어머니에게 편지를 써 보세요.

독서 기록장

도서명

지은이

등장인물

기억에 남는 장면

줄거리와 느낀 점

독서 기록장 **등장인물**

이름

모습을 그리세요.

어떤 사람인지 쓰세요.

이름

모습을 그리세요.

어떤 사람인지 쓰세요.

글 하야노 미치요
일본 나가사키현에서 태어난 작가는 창작 동화는 물론, 옛이야기 재구성이나 위인전 등 다양한 어린이책을 써 왔습니다. 대표작으로는 《엄마와 아이가 잠들기 전에 함께 읽는 따뜻한 그림책》 시리즈, 어린이 전기 시리즈 《나이팅게일》, 《라이트 형제》 등이 있습니다.

그림 아시 지로
가나가와현에서 태어나 일러스트레이터로 활동하고 있습니다. 주요 작품으로 《초등학생을 위한 세계 명작 서유기》, 《초등학생을 위한 세계 명작 키다리 아저씨》, 《수수께끼 시간 여행!》 시리즈 등이 있습니다.

번역 김태길
단국대학교를 졸업하고, 일본 도쿄에서 생활하며 어린이책에 관심을 갖게 되었습니다. 지금은 출판사를 운영하면서 꾸준히 일본 아동 도서를 소개하고 번역하는 일을 하고 있습니다. 번역한 책으로는 《언제까지나 함께 있을 거야》, 《반 고흐》, 《코코 샤넬》 등이 있습니다.

2025년 6월 25일 1판 1쇄 발행

글 **하야노 미치요** | 그림 **아시 지로** | 번역 **김태길**
펴낸이 **문제천** | 펴낸곳 **㈜은하수미디어**
편집진행 **문미라** | 편집 **김세영, 방기은** | 편집 지원 **도희**
디자인 **정수연, 김해은** | 제작책임 **문제천**
주소 **서울시 송파구 송이로32길 18, 405 (문정동, 4층)**
대표전화 **(02)449-2701** | 팩스 **(02)404-8768** | 편집부 **(02)3402-1386**
출판등록 **제22-590호** (2000. 7. 10.)
© 2025, Eunhasoo Media Publishing Co., Ltd.

Edison
©M.Hayano & Ashijiro 2018
First published in Japan 2018 by Gakken Plus Co., Ltd., Tokyo
Korean translation rights arranged with Gakken Inc.
Through JM Contents Agency Co.

이 책의 한국어판 저작권은 Gakken Inc. 와 JMCA 에이전시를 통해 독점 계약한 ㈜은하수미디어에 있습니다.
저작권법에 의해 한국 내에서 보호를 받는 저작물이므로 무단 전재 및 무단 복제를 금합니다.

주의! 종이가 날카로워 손을 베일 수 있으므로 주의하십시오.
파본은 구입처에서 교환해 드립니다. 사용 중 발생한 파손은 교환 대상에 해당되지 않습니다.

* 사진 출처 ⓒ wikimedia commons
* 책 속 부록(145~155쪽)은 한국 어린이들을 위해 ㈜은하수미디어에서 새로 쓴 내용입니다.